Der Mund ist das Tor zur Gesundheit.
Jeden Tag aufs Neue.

Chinesisches Sprichwort

Die Fünf-Elemente-Küche

Vegetarisch

Claudia Nichterl
Fotos von Uwe Urbann

avBUCH

Inhalt

Vegetarisch – einfach gesund

Vegetarische Ernährung liegt im Trend und verkörpert ein modernes Ernährungsbewusstsein. Ebenso im Trend liegt die Hinwendung zur Traditionellen Chinesischen Medizin (TCM). Die Ernährungslehre der TCM – auch Fünf-Elemente-Küche genannt – ist, wie ich in meiner Praxis als Ernährungsberaterin immer wieder beobachte, für viele Menschen sehr hilfreich. Sie fühlen sich wohler, Befindlichkeitsstörungen werden gemildert oder verschwinden mit der Umstellung der Ernährung. Ein guter Grund diese beiden Themenbereiche zusammenzubringen und ein Fünf-Elemente-Kochbuch mit vegetarischen Rezepten zu gestalten.

Ist die Fünf-Elemente-Küche rein vegetarisch umsetzbar? Ja! Wie es geht und worauf zu achten ist, finden Sie auf den nächsten Seiten. Es ist mir ein Anliegen, praktische Tipps für eine ausgewogene, im Alltag umsetzbare, vegetarische Küche zu geben. Besonders die Sicherstellung einer ausreichenden Eiweißversorgung erscheint mir wichtig.

Im Buch finden Sie daher viele wertvolle Hinweise, wie Sie sich mit hochwertigem Eiweiß aus Getreide, Hülsenfrüchten, Gemüse, Käse und Ei versorgen können und so leistungsfähig und gesund bleiben. Das Wichtigste ist mir aber, mit einem der größten Vorurteile aufzuräumen: Vegetarische Küche schmeckt weder langweilig noch ist sie eintönig. Raffinierte Gerichte mit Gemüse, Getreide, Nüssen, Hülsenfrüchten und Obst machen die vegetarische Küche zu einem Erlebnis. Die einzelnen Rezepte sind schnell zubereitet und bestehen vorrangig aus heimischen Zutaten.

Auch wenn Sie nicht zu hundert Prozent vegetarisch leben, finden Sie in meinem Buch „Die Fünf-Elemente-Küche vegetarisch" viele Anregungen und köstliche Rezepte als schöne Bereicherung für Ihren Alltag. Sie werden sehen, es ist ganz einfach vegetarisch zu kochen, sich dabei sehr wohl zu fühlen und gesund zu bleiben.

Guten Appetit wünscht Ihnen

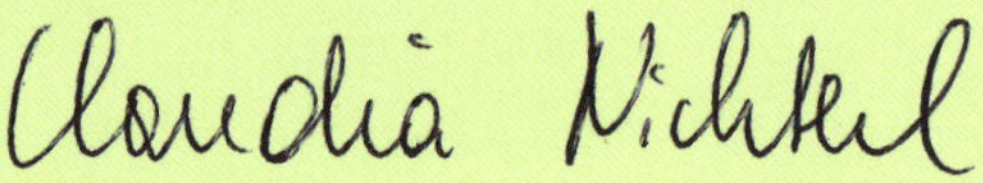

Die Fünf-Elemente-Küche

Seit über 3000 Jahren bedient sich die Traditionelle Chinesische Medizin (TCM) eines ganzheitlichen Ernährungssystems, um die Gesundheit des Menschen zu erhalten. Auch bei uns findet die Fünf-Elemente-Küche immer mehr Freunde. Warum? Diese Küche bevorzugt regionale und saisonale Nahrungsmittel. Das ist kostengünstig, sehr gut verträglich und schmeckt in den allermeisten Fällen auch besser als Lebensmittel, die weite Transportwege hinter sich haben.

Außerdem trägt diese Ernährungsweise mit ihrer Ausgewogenheit und Bekömmlichkeit zur Gesunderhaltung und zur Vorbeugung vor Krankheiten bei. Den einzelnen Zutaten werden in der Fünf-Elemente-Küche energetische und thermische Wirkungen zugeschrieben. Daraus lassen sich zuverlässige Aussagen über die gesundheitliche Wirkung von Speisen treffen. Es geht dabei weder um Kalorien noch um Vitamine oder andere Nährstoffe, sondern vorrangig um die Bekömmlichkeit und die optimale Unterstützung bestimmter Organe. Ein Hauptanliegen ist, unsere „Mitte" zu stärken und das „Verdauungsfeuer" zu unterstützen. Viele gesundheitliche Probleme der westlichen Welt werden in der TCM mit einem „schwachen Verdauungsfeuer" bzw. mit einer schwachen „Mitte" in Verbindung gebracht. Das bedeutet in der Praxis, vorwiegend gekochte oder gedünstete Nahrung und wenig Rohkost, Milchprodukte oder rohe Getreide(flocken) zu sich zu nehmen, weil letztere „kühlend" wirken und daher, um im Sprachbild der TCM zu bleiben, die „Mitte" schwächen.

Das hört sich auf den ersten Blick verwirrend an und steht konträr zur klassischen Ernährungswissenschaft, die rohe Zutaten als besonders wertvoll und nährstoffreich anpreist. Die Fünf-Elemente-Küche verwendet wenig Rohkost. Der Verzehr von rohem Gemüse etwa, wird als Verschwendung von Energie angesehen. Rohes muss im Körper erhitzt werden, um für den Menschen verdaulich zu sein. Diese Erhitzungsenergie sollte laut TCM besser beim Kochen in die Lebensmittel eingebracht werden.

Das ist effizienter und der Körper kann sich rein auf den Verdauungsprozess konzentrieren. Das stärkt die „Mitte" und man fühlt sich wohl. Haben Sie keine Angst vor den verlorenen Vitaminen, nicht alle werden beim Kochen zerstört. Manche Vitamine, wie zum Beispiel das hitzeempfindliche Vitamin C, werden reduziert, viele andere Nährstoffe werden aber erst durch das Erhitzen für den Körper gut aufnehmbar. Ein Beispiel dafür ist die Vitamin-A-Vorstufe Betacarotin aus gekochten Karotten oder das krebsvorbeugende Lycopin aus erhitzten Tomaten.

Elemente und ihre Zuordnungen

Element	Geschmack	Organ
Holz	sauer	Leber/Gallenblase
Feuer	bitter	Herz/Dünndarm
Erde	süß	Milz/Magen Bauchspeicheldrüse
Metall	scharf	Lunge/Dickdarm
Wasser	salzig	Niere/Blase

Thermik und Geschmack

Wie bereits erwähnt, wird in der TCM den Nahrungsmitteln eine thermische Wirkung zugeordnet. Es gibt Lebensmittel, die uns entweder erwärmen oder aber abkühlen. Im Grunde brauchen wir nur auf unseren Körper zu hören. Im Winter bevorzugen wir generell mehr Gekochtes, wie Gemüsesuppen, Eintöpfe oder Wurzelgemüse und im Sommer erfreuen wir uns an erfrischenden kühlenden Zutaten wie Tomaten und Gurken. Neben der thermischen Wirkung sind in der Fünf-Elemente-Küche auch die Geschmacksrichtungen wichtig. Die fünf Elemente Holz, Feuer, Erde, Metall und Wasser stehen jeweils für einen bestimmten Geschmack. Die Geschmacksrichtungen sauer, bitter, süß, scharf und salzig finden sich in diesem Fünf-Elemente-System wieder und werden den einzelnen Organen zugeordnet. Es gilt, die Geschmacksrichtungen ausgewogen miteinander zu verbinden, damit der Körper im Gleichgewicht bleibt. Grundsätzlich gilt, in jeder Speise soll jede Geschmacksrichtung vorhanden sein. Das bedeutet, aus jedem Element sollte mindestens eine Zutat verwendet werden, daher kommt auch der Name Fünf-Elemente-Küche. Das garantiert, dass jedes Organ angesprochen und gut versorgt wird.

Milchprodukte – ja oder nein?

Milch und Milchprodukte werden in der Fünf-Elemente-Küche häufig abgelehnt. Im Gegensatz dazu lautet die Empfehlung der Ernährungswissenschaft, mindestens zweimal täglich Milchprodukte zu konsumieren. Meldungen über die Unverträglichkeit von Milch verunsichern zusätzlich. In Nordeuropa und in unseren Breiten hat Milch seit Jahrhunderten einen hohen Stellenwert in der Ernährung. Die Landwirtschaft ist auf die Milchproduktion ausgerichtet und die Milchwirtschaft ist ein wichtiger Wirtschaftsfaktor. Milch gilt generell als gesund und

Gesund essen ohne Fleisch

ist aus unserem Speiseplan nicht wegzudenken. Anders in Asien. Dort gibt es üblicherweise keine Milchtierhaltung und für viele Chinesen ist der Verzehr von Käse unvorstellbar. Als Folge wird Milch in diesen Regionen von Erwachsenen schlecht bis gar nicht vertragen.

Die Milchzuckerunverträglichkeit (Laktose-Intoleranz) beträgt bei den Menschen in weiten Teilen Asiens nahezu 100 Prozent. In unseren Breiten wird die Laktose-Intoleranz auf 10 bis 20 Prozent der Bevölkerung geschätzt. Das bedeutet, dass hierzulande 80 bis 90 Prozent der Menschen Milch und Milchprodukte grundsätzlich gut vertragen. Eine Ernährungsberatung nach TCM ist individuell und sollte darauf eingehen, ob Milch oder Milchprodukte vertragen werden.

Oftmals werden Milchprodukte zur Unterstützung der Therapie für einige Zeit aus der Ernährung herausgenommen, bis der Körper – nach der Lehre der TCM - wieder im Gleichgewicht ist. Wenn keine gesundheitlichen Störungen vorliegen, dann spricht nichts dagegen, Milch- und Milchprodukte als wertvolle Eiweiß- und Kalziumquelle in der vegetarischen Ernährung einzusetzen. Achten Sie bitte auf Qualität und bevorzugen Sie natürliche Produkte ohne Zusatzstoffe, zum Beispiel Naturjoghurt anstelle von aromatisiertem Fruchtjoghurt mit viel Zucker, Weich- und Hartkäse aus bäuerlicher Produktion statt industriell gefertigtem Schmelzkäse oder geschmacklosen Massenprodukten.

Wenn viele Fleischesser glauben, dass eine rein vegetarische Ernährung nicht ausreichen kann, ist das ein Vorurteil. Wir können uns durchaus vegetarisch ernähren und dadurch langfristig unsere Gesundheit sogar positiv beeinflussen. Es ist eigentlich nicht schwierig, mit rein vegetarischer Kost gesund zu leben. Wie in jeder Ernährungsform ist aber Abwechslung eine Grundvoraussetzung. Wählen Sie aus dem vielfältigen Angebot von Zutaten, bedienen Sie sich unterschiedlicher Eiweißquellen und Sie können sicher sein, dass Ihr Körper mit allen notwendigen Nährstoffen gut versorgt wird. Die Freude am Ausprobieren und die Offenheit Neuem gegenüber sind weitaus wichtiger als Expertenwissen zur Ernährung. Wenn Sie abwechslungsreich Ihren Speisezettel mit Getreide, Hülsenfrüchten, Obst, Gemüse, Eiern und Milchprodukten gestalten, sind Sie vor Mängeln sicher. Das Vermeiden von Fertigprodukten, extrem fettreichen oder stark zuckerhaltigen Zutaten sollte eine Selbstverständlichkeit sein. Verwenden Sie die Zutaten möglichst frisch und achten Sie auf eine saisonale und regionale Auswahl. Obst und Gemüse zu den jeweiligen Erntezeiten und aus dem Umland sind meist auch preisgünstiger. Ideal sind natürlich Bioprodukte.

Wertvolles Protein

Das Wort Protein (Eiweiß) stammt ursprünglich aus dem Griechischen. „Protos" heißt übersetzt „der Erste" oder „das Wichtigste". In der Tat ist Protein oder Eiweiß der wichtigste Baustein aller lebenden Zellen, denn ohne Eiweißstoffe gibt es kein Leben. Die Hauptaufgabe der Nahrungsproteine im Körper ist der Aufbau und die Erneuerung von Körpereiweiß. Auch für die Immunabwehr, für die Bildung von Hormonen und Enzymen, braucht unser Körper Eiweiß. Im Gegensatz zu Kohlenhydraten und Fett kann Protein im Körper nicht gespeichert werden. Wir sind daher auf eine regelmäßige Zufuhr über die Nahrung angewiesen.

Eine ausreichende Versorgung mit Proteinen ist also die beste Voraussetzung für körperliches und geistiges Wohlbefinden. Der Eiweißbedarf ist nicht riesig, die Deutsche Gesellschaft für Ernährung (DGE) geht bei einem Erwachsenen von einem Richtwert von 0,8 Gramm Eiweiß pro Kilogramm Körpergewicht aus.

Diese Menge sollten wir täglich zu uns nehmen. Das entspricht für eine Frau mit einem Körpergewicht von 60 Kilogramm einer Menge von ungefähr 50 Gramm Eiweiß täglich. Bei drei Mahlzeiten pro Tag sind das pro Mahlzeit ungefähr 16 Gramm Proteine. Kinder und Schwangere brauchen für eine optimale Versorgung etwas mehr Eiweiß.

Sind Sie jetzt verwirrt? Viele Ernährungsberater warnen ja sonst immer davor, zu viel Eiweiß zu essen. Grundsätzlich sind die Argumente richtig. In den westlichen Industrieländern nehmen viele Menschen häufig weit mehr Proteine auf, als ihr Körper benötigt. Insbesondere nehmen sie zu viel tierisches Eiweiß und damit verbunden auch zu viel tierische Fette, Cholesterin, Harnsäure bzw. Purine auf.

Die ideale Eiweißmenge pro Portion sind enthalten in:

Menge	Produkt
2	Eiern
200 g	Tofu
80 g	Sonnenblumenkernen
85 g	Cashewnüssen
80 g	Erdnüssen
110 g	Walnüssen
130 g	Haselnüsse
80 g	Ziegenkäse
100 g	Feta-Käse
50 g	Parmesan
500 g	Joghurt

Quelle: Souci/Fachmann/Kraut, 2004

Häufig werden die großen Eiweißportionen ohne Gemüse- oder Obstbeilage verzehrt und das kann aus mehreren Gründen riskant sein, denn es fehlt der Ausgleich durch wichtige Vitamine und Mineralstoffe. Die vegetarische Ernährung unterliegt dieser Gefahr nicht. Die Basis der Mahlzeiten bildet im Normalfall eine große Portion Gemüse. Salate sind häufig die Beilage und Obst gibt es zum Dessert. Außerdem werden vorrangig pflanzliche Eiweißquellen in der Ernährung eingesetzt, tierisches Eiweiß aus Milchprodukten oder Eiern wird als Ergänzung gesehen. In der Beratungspraxis erlebe ich immer wieder Menschen – oft sind es Vegetarier – deren chronische Müdigkeit, Anfälligkeit für Infektionen, Heißhunger auf Süßigkeiten oder auch Übergewicht mit einem Proteinmangel einhergehen. Eine gute Eiweißversorgung kann das vermeiden und mit gut zusammengesetzten Mahlzeiten ist diese auch ohne Fleisch leicht zu erreichen.

Die Mischung macht's

Nahrungseiweiß ist – je nachdem aus welcher Quelle es stammt – unterschiedlich wertvoll für unseren Körper. Die Wertigkeit von Proteinen aus der Nahrung ist abhängig von der Konzentration und dem Verhältnis von Eiweißbausteinen, den Aminosäuren, zueinander. Ist die Aminosäurezusammensetzung ähnlich der unseres Körpers, ist das Protein sehr wertvoll für unseren Körper. Ausgedrückt wird das als „biologische Wertigkeit" (BW). Sie gibt an, wie viel Gramm Körpereiweiß durch 100 Gramm des betreffenden Nahrungseiweißes aufgebaut werden können. Tierisches Eiweiß hat in der Regel eine hohe biologische Wertigkeit, weil die Aminosäurenzusammensetzung dem menschlichen Körpereiweiß sehr ähnlich ist. Es kann daher effizienter zum Aufbau von körpereigenem Eiweiß verwendet werden.

Auch die pflanzlichen Proteine enthalten alle für unsere Ernährung wichtigen Eiweißbausteine, ihre Konzentration ist allerdings oft gering. Trotzdem erleiden wir ohne tierisches Eiweiß keinen Proteinmangel. Zum einen, weil pflanzliches Protein sehr gut verdaulich ist und die Aminosäuren für unseren Körper dadurch gut verfügbar werden. Zum anderen, weil eine geschickte Kombination von Eiweißquellen die Wertigkeit von Aminosäuren deutlich steigern kann. Eine Mischung aus Ei und Kartoffeln im Verhältnis 1:2 hat mit 136 die höchste biologische Wertigkeit, die wir von unseren Nahrungsmitteln kennen.

Biologische Wertigkeit (BW) verschiedener Proteine

Lebensmittel	BW
Ei	94
Vollmilch	85
Rindfleisch	74
Fisch	76
Hühnerfleisch	74
Kartoffeln	67
Sojabohnen	73
Erbsen	64
Weizen	65
Linsen	45
Nüsse	43
Kartoffeln plus Ei	136
Milch plus Weizen	125
Milch plus Kartoffeln	114
Ei plus Mais	114
Bohnen plus Mais	99

Quelle: Leitzmann; Hahn, 1996

Satt sein verhindert Süßgelüste

Ein ausgewogener Eiweißanteil in der Mahlzeit macht angenehm satt und hält lange vor. Eine richtig zusammengestellte Mahlzeit verhindert außerdem den Heißhunger und die Lust auf Süßes.

Viele Menschen – vor allem Vegetarier – greifen nach den Mahlzeiten gern zu süßen und oft auch fettreichen Häppchen. Um das zu verhindern, ist auf eine ausreichende Eiweißversorgung zu achten. Sinnvoll ist es dagegen, die Mengen der sogenannten Sättigungsbeilagen wie Reis, Nudeln, Kartoffeln oder Getreide bei Gewichtsproblemen etwas zu reduzieren.

Der Gemüseanteil der Mahlzeit sollte hoch sein. Als Nachtisch eignen sich reifes Obst oder Kompott. Ein weiterer Effekt von Mahlzeiten mit einem ausgewogenen Eiweißanteil ist, dass man meist keine Zwischenmahlzeiten mehr braucht. Sie werden sich rasch an ein regelmäßiges Essen mit Frühstück, Mittags- und Abendmahlzeiten gewöhnen. Auf überflüssige Energiespender wie Müsliriegel, Schokoladeriegel sowie Gummibärchen und Co. als Snack zwischendurch können Sie dann verzichten. Menschen, die sich viel bewegen und sehr aktiv sind, vertragen größere Kohlenhydratportionen, denn aktive Muskeln verbrauchen mehr Energie.

Für Eltern stellt sich die Frage, ob eine vegetarische Ernährung für Kinder sinnvoll ist. Die Antwort ist ja. Es erfordert jedoch Konsequenz und Ernährungswissen, um den erhöhten Eiweißbedarf von Kindern optimal zu decken. Besonders für Babys und Kleinkinder sind große Mengen an Getreide, Hülsenfrüchten, Nüssen und Samen ungeeignet. Kleine Mengen an Fleisch und Geflügel erleichtern in diesem Alter die Versorgung mit allen wichtigen Nährstoffen. Ab dem Schulalter kann eine ausgewogene vegetarische Ernährung umgesetzt werden – sie sollte aber kein Dogma sein.

Gemüse richtig schneiden

Der chinesische Philosoph Konfuzius hat schon vor über 2.000 Jahren geraten: „Iss nichts, was nicht sachgerecht geschnitten ist." Auf das richtige Schneiden wird in der chinesischen Küche sehr großer Wert gelegt. Dafür gibt es sowohl ästhetische als auch kochtechnische Gründe.

Bei Wokgerichten zum Beispiel ist die Koch- oder Bratdauer sehr kurz und alle Zutaten müssen gleichzeitig gar werden. Daher müssen die Gemüsestücke etwa gleich groß geschnitten sein. Außerdem richtet sich die Form der Stücke nach Wuchs, Faserung und Konsistenz der Zutat.

Es heißt auch, dass innerhalb eines Gerichts eine Schnittform vorherrschen sollte. Scheiben zu Scheiben, Würfel zu Würfel oder Streifen zu Streifen. Weiters sollten die Schnittflächen der Scheiben oder Würfel möglichst groß sein, damit die Gewürze gut ins Innere eindringen können. Dazu wird das Messer schräg angesetzt.

Wer schnell und gut kochen möchte, braucht exzellentes Werkzeug. Gönnen Sie sich ein ordentliches Messer. Ein gutes Gemüsemesser hat eine glatt geschliffene, feste Klinge, die sich während der Arbeit nicht verbiegt.

Achten Sie darauf, dass das Messer gut geschliffen und ausreichend scharf ist. Handgeschnittenes Gemüse ist optisch ansprechender und besser zu verarbeiten als Gemüse, das mit der Maschine geschnitten wurde. Die Handarbeit gibt den Speisen aus Sicht der TCM zusätzliche Energie.

Gebrauchsanweisung

Die Gerichte in diesem Buch sind allesamt schnell und einfach zubereitet. Die Zutaten richten sich nach dem heimischen Angebot und sind somit leicht erhältlich. Zeitmangel soll und darf nicht zu Lasten des Geschmacks gehen, ganz im Gegenteil. Gerade wenn Ihr Terminkalender immer voll ist, sollten Sie es sich wert sein, Ihren Körper mit selbst zubereiteten Mahlzeiten zu stärken. Die Rezepte in diesem Buch wollen Sie dabei unterstützen.

Ich habe die Rezepte im Buch nach ihrem Platz in der Menüfolge – Suppen und Vorspeisen, dann Hauptspeisen und schließlich Desserts – geordnet. Die Hauptgerichte sind außerdem nach dem jeweils wichtigsten Eiweißlieferanten sortiert: Gerichte mit Getreide, Gerichte mit Hülsenfrüchten und Gerichte mit Käse und Ei.

Ein eigenes Kapitel widmet sich dem Frühstück. Ein guter kulinarischer Start in den Tag ist in der TCM besonders wichtig für unser Wohlbefinden und unsere Leistungsfähigkeit.

Die Rezepte sind, so nicht anders angegeben, für zwei Portionen berechnet. Beachten Sie bitte, dass die Mengenangaben Näherungswerte sind. Gemüse, Obst, Getreide und Hülsenfrüchte sind lebendige Produkte und es wird das eine Mal mehr von dieser und das andere Mal mehr von jener Zutat benötigt.

Die Zutaten in den Rezepten sind mit den Symbolen für die fünf Elemente Holz, Feuer, Erde, Metall und Wasser gekennzeichnet.

Frühstück

Beerentraum

1 Rippe Bitterschokolade mit mind. 70 % Kakaoanteil

250 g Beeren der Saison (Himbeeren, Heidelbeeren, Erdbeeren, Brombeeren)
250 ml Schafmilch-Joghurt

2 EL Kokosflocken

1 TL gemahlener Kardamom

1 Prise Salz

Die Bitterschokolade reiben oder mit einem Messer grob hacken. Die Beeren waschen, trocken tupfen und einige Beeren zur Seite legen.

Das Schafmilch-Joghurt in einer Schüssel mit der Schokolade, den Kokosflocken, dem gemahlenen Kardamom und einer Prise Salz verrühren.

Die Beeren auf zwei Schüsseln verteilen und mit Joghurt bedecken. Mit den restlichen Beeren garnieren. Bei Bedarf mit Honig süßen.

Beeren und Joghurt

Beeren und Naturjoghurt wirken besonders im Sommer erfrischend und unterstützen die Blutbildung.

Apfel-Nuss-Schmarren mit Couscous

2 Tassen Wasser
1 Tasse Couscous
1 EL Rosinen
2 Äpfel
20 g Butter
1 Prise Zimt
2 EL Walnüsse, grob gehackt
1 TL Ingwer, gerieben
1 Prise Kakaopulver

Wasser erhitzen. Couscous, Rosinen und Ingwer in einer Schüssel mit kochendem Wasser übergießen.

Alle Zutaten gut verrühren und 3 bis 5 Minuten quellen lassen. Die Äpfel waschen, das Kerngehäuse entfernen und in dünne Scheiben schneiden.

In einer Pfanne Butter schmelzen lassen, die Äpfel darin kurz andünsten und mit Zimt würzen. Die Nüsse und die Couscous-Mischung dazugeben.

Alles kurz schwenken, mit Kakaopulver abschmecken und am besten heiß servieren. Bei Bedarf mit Honig süßen.

Küchentipp

Wer es morgens besonders eilig hat, kann die Couscous-Mischung bereits am vorherigen Abend vorbereiten. In der Früh braucht man dann nur noch die Äpfel zu dünsten und zusammen mit dem Couscous erwärmen.

Apfel-Mandel-Mus

100 g Mandeln
2 Äpfel
2 EL Kokosflocken
1 Prise Zimt, gemahlen

250 ml Wasser
zum Einweichen
200 ml Kochwasser

1 TL Ingwer, gerieben

Saft einer halben Zitrone

1 TL Kakaopulver

Die Mandeln über Nacht in Wasser einweichen. Am Morgen die Mandeln kurz unter fließendem Wasser abspülen. Die Äpfel waschen, das Kerngehäuse entfernen und in kleine Würfel schneiden.

In einem Topf 200 ml Wasser erhitzen, Apfelwürfel und Ingwer zugeben und 5 bis 10 Minuten weich dünsten. Zitronensaft, Kakaopulver, Mandeln, Kokosflocken und Zimt zugeben und alles mit dem Pürierstab zu einem Mus pürieren.

In zwei Schälchen anrichten und bei Bedarf mit Honig süßen.

Mandeln

Mandeln wirken leicht wärmend und helfen gegen Husten, Asthma und bei Verstopfung. Mandeln enthalten wertvolle ungesättigte Fettsäuren, B-Vitamine und besonders viel Vitamin E. Zum Frühstück gegessen unterstützen Mandeln beim Lernen und erhöhen die Konzentrationsfähigkeit.

Apfel-Reis-Puffer

1 Tasse Rundkornreis
oder Süßreis
1 EL Vollrohrzucker
2 Äpfel
1 TL Zimt, gemahlen
2 Eier
2 EL Rapsöl zum Braten

2 Tassen Wasser

1 EL Zitronenschale,
fein gerieben

Saft einer Zitrone

1 TL Ingwer, gerieben

Den Reis waschen. Wasser erhitzen, den Reis zugeben, aufkochen und auf kleiner Flamme ca. 15 Minuten weich kochen. In der Zwischenzeit die Äpfel waschen, Kerngehäuse entfernen und grob raspeln. Die Apfelraspeln mit der geriebenen Zitronenschale vermischen.

Den gekochten Reis mit den geraspelten Äpfeln, Zucker, Zimt, Zitronensaft und Ingwer vermischen. Die Eier unterrühren. In einer beschichteten Pfanne Rapsöl erhitzen. Mit einem Esslöffel Häufchen von der Reismasse abstechen und in die Pfanne geben, flachdrücken und bei mittlerer Hitze von beiden Seiten braten, bis sie knusprig und schön goldbraun sind.

Die Puffer auf Küchenpapier abtropfen lassen und heiß servieren. Mit Honig süßen oder mit Fruchtmus servieren.

Küchentipp

Die Apfel-Reismasse kann gut am Vortag zubereitet werden. Im Kühlschrank aufbewahren und zum Frühstück die Reispuffer frisch backen.

Eierspeise mit Kürbiskernöl

4 Eier
4 EL Kürbiskernöl

1/2 Bund Frühlingszwiebeln

1 Prise Salz

1/2 Bund Petersilie, fein gehackt

1 Prise Bockshornklee-Pulver oder Bockshornklee aus der Mühle

Die Eier in einer Schüssel verquirlen. Die Frühlingszwiebeln putzen, waschen und in feine Ringe schneiden. Kürbiskernöl in einer Pfanne erhitzen und die Zwiebelringe darin anschwitzen.

Das Öl nicht zu heiß werden lassen, denn die Zwiebelringe sollen mehr dünsten als rösten. Die Eier zusammen mit Salz, Petersilie und Bockshornklee zu den Frühlingszwiebeln geben, kurz bei mittlerer Hitze stocken lassen und dann mit einem Holzlöffel verrühren.

Zwiebel und Bockshornklee

Die bitter-scharfen Inhaltsstoffe der Bockshornkleesamen und der Frühlingszwiebeln wirken sehr wärmend und schweißfördernd. Bei Erkältungen helfen sie, den Schleim zu lösen und das Immunsystem zu stärken.

Grießkoch mit Karotten-Brokkoli

300 ml (Soja)Milch
oder Wasser
20 g Butter
50 g Grieß
2 Karotten
100 g Brokkoli

1 Prise Pfeffer aus der Mühle
1 Prise Muskat, gerieben

1 Prise Salz

1/2 Bund frische Kräuter
(z. B. Petersilie, Kerbel)

1/2 Bund frische Kräuter
(z. B. Basilikum, Thymian,
Oregano)

Milch oder Wasser mit Butter und Grieß aufkochen. Mit Pfeffer, Muskat und Salz würzen. Auf kleiner Flamme 5 bis 10 Minuten einkochen, bis der Grieß weich ist. Bei Bedarf noch etwas Flüssigkeit nachgießen.

In der Zwischenzeit Karotten waschen, putzen und in Streifen schneiden. Den Brokkoli waschen und in mundgerechte Röschen zerteilen. In einem Topf etwas Wasser erhitzen und das Gemüse darin weich kochen. Die Kräuter waschen und fein hacken.

Das Gemüse abseihen und heiß mit den Kräutern vermengen, mit Salz abschmecken. Den Grießbrei in tiefen Tellern anrichten, das Gemüse darauf verteilen.

Gemüse mit Körnermix

200 g Gemüse der Saison (z. B. Karotten, Fenchel, Zucchini, Kohlrabi)
3 EL Sonnenblumenkerne
3 EL Kürbiskerne
2 EL Olivenöl

1 Prise Pfeffer aus der Mühle

1 Prise Salz

1/2 Bund Petersilie fein gehackt

1 TL Paprikapulver, süß

Das Gemüse waschen, putzen und in mundgerechte Stücke schneiden. In einer beschichteten Pfanne die Sonnenblumen- und Kürbiskerne kurz anrösten und auf einem Teller auskühlen lassen.

In der Pfanne Olivenöl erhitzen, das Gemüse zugeben, mit Pfeffer und Salz würzen und 5 bis 10 Minuten weich dünsten.

Die Gemüsemischung dann mit Petersilie und Paprikapulver abschmecken und mit den Kernen vermischen. In zwei Schüsseln anrichten und am besten heiß servieren.

Küchentipp

Bereiten Sie gleich die doppelte Menge dieser Gemüse-Körnermischung zu. Sie ist gut geeignet für eine Mahlzeit unterwegs oder als Beilage zu einem Getreidegericht.

Haferreis mit Mohn

1 Tasse Haferreis

2 Tassen Wasser

1/2 Zimtstange
200 g Obst der Saison
(z. B. Äpfel, Birnen,
Marillen, Weintrauben)

Saft einer halben Zitrone

2 EL Mohn, gemahlen

Den Haferreis mit kaltem Wasser waschen. Wasser in einem Topf zum Kochen bringen. Die Zimtstange und den Haferreis dazugeben, auf kleiner Flamme zugedeckt 12 bis 15 Minuten weich kochen.

In der Zwischenzeit das Obst waschen, bei Bedarf schälen oder das Kerngehäuse entfernen. Das Obst in mundgerechte Stücke schneiden oder grob reiben. Zitronensaft, Mohn und das geschnittene Obst zum Haferreis geben und noch 5 Minuten nachquellen lassen.

In zwei Schalen anrichten und bei Bedarf mit Honig süßen.

Hafer

Hafer zählt zu den wertvollsten Getreidearten und wird in China bereits im 7. Jahrhundert als Heilmittel erwähnt. Er hat einen positiven Einfluss auf den Cholesterinspiegel, kräftigt Muskeln, Sehnen und Nerven, beseitigt Feuchtigkeit und stärkt Herz und „Mitte".

Suppen & Vorspeisen

Antipasti mit Ziegenfrischkäse

4 – 6 Portionen

2 rote Paprika
1 kleine Melanzani
2 kleine Zucchini
4 EL Olivenöl

1 Prise Pfeffer aus der Mühle

1 Prise Salz

150 g Ziegenfrischkäse

2 EL Kräuter nach Belieben (Petersilie, Melisse etc.), fein gehackt
3 EL Balsamico-Essig

Den Backofen auf 200 °C vorheizen. Wenn vorhanden, die Grillfunktion zuschalten. Die Paprika waschen, vierteln und entkernen. Die Melanzani waschen und längs in ca. 0,5 cm dicke Scheiben schneiden. Die Zucchini ebenfalls waschen und längs in 0,5 cm dicke Scheiben schneiden.

Ein Backblech mit Backpapier auslegen und die Gemüsestücke darauf verteilen. Das Gemüse mit Olivenöl beträufeln, mit Pfeffer und Salz würzen und im Backofen 10 Minuten grillen.

Das Gemüse mit einer Gabel wenden und nochmals 5 Minuten grillen. In der Zwischenzeit den Ziegenfrischkäse mit den Kräutern vermischen. Die warmen Paprikaviertel mit Frischkäse bestreichen.

Die Melanzani- und Zucchinischeiben jeweils bis zur Hälfte mit Frischkäse bestreichen und einrollen. Die Gemüseröllchen auf einem Teller anrichten.

Nach Belieben mit etwas Olivenöl und Balsamico-Essig beträufeln.

Chicorée-Schiffchen mit Nusscreme

2 EL Wasser
1 Prise Salz

2 Safranfäden
100 g Walnüsse
50 g Pistazien
2 EL Semmelbrösel
2 EL Olivenöl

5 Oliven
1 Chicorée

1 Prise Pfeffer aus der Mühle

Saft einer Zitrone

2 EL Wasser in einem kleinen Topf erhitzen und die Safranfäden darin in einigen Minuten auflösen. Die Oliven entkernen und fein hacken. Walnüsse und Pistazien in der Küchenmaschine oder im Mörser zu einem feinen Brei mahlen.

Die Nussmischung mit dem Safranwasser, den Semmelbröseln und dem Olivenöl verrühren. Mit Pfeffer, Salz und Zitronensaft abschmecken. Zuletzt die gehackten Oliven unterrühren.

Die Chicoréeblätter einzeln vom Strunk ablösen, jedes Blatt mit etwas Nusscreme füllen und auf einem Servierteller anrichten.

Kürbissuppe mit Maroni

1 Zwiebel
1 Prise Pfeffer aus der Mühle

400 g Hokkaido-Kürbis
10 Stück Maroni (gekocht oder gebacken)
1 EL Rapsöl
1 EL Honig

500 ml Wasser oder Gemüsebrühe
1 Prise Salz

1/2 TL Kurkumapulver (Gelbwurz)

4 EL Kresse

Die Zwiebel schälen und grob würfeln. Den Kürbis in Spalten schneiden, schälen, entkernen und ebenfalls grob würfeln.

In einem Topf Wasser oder Gemüsebrühe mit Kurkumapulver erhitzen. Die Kürbis- und Zwiebelwürfel zugeben und zugedeckt etwa 15 Minuten weich kochen. Inzwischen die Maroni schälen und ebenfalls zu Würfeln schneiden. In einem kleinen Topf Öl erhitzen, die Maroniwürfel darin knusprig anbraten. Honig zugeben und leicht karamellisieren lassen.

Nun die Suppe mit dem Stabmixer fein pürieren und mit Salz und Pfeffer würzen. Die Suppe in tiefen Tellern anrichten und mit Maroniwürfeln und Kresse bestreut servieren.

Maroni

Maroni oder Esskastanien sind wertvolle Eiweißlieferanten. In China werden Maroni seit fast 2.000 Jahren in der Ernährungstherapie verwendet. Sie stärken Magen, Milz und Nieren und helfen bei niedrigem Blutdruck, Herz- oder Gefäßerkrankungen.

Rote-Rüben-Suppe mit Ingwer

250 g Rote Rüben
2 Thymianzweige
4 Blätter Radicchio

150 g Kartoffeln
2 EL Rapsöl

1 rote Zwiebel
1 TL Ingwer, gerieben
1 Prise Pfeffer aus der Mühle

500 ml Wasser oder Gemüsebrühe
1 Prise Salz

Saft von einer Orange

Die Roten Rüben waschen und in einem Topf mit ausreichend Wasser ca. 45 Minuten weich kochen. Sobald sie weich sind, mit kaltem Wasser abschrecken und auskühlen lassen.

Die Kartoffeln schälen und in feine Würfel schneiden. Die Zwiebel schälen und fein hacken. Öl in einem Topf erhitzen, die Zwiebel darin kurz andünsten, Kartoffeln und Ingwer zugeben. Mit Pfeffer und Salz würzen und mit Wasser oder Gemüsebrühe aufgießen. Die Suppe 10 bis 15 Minuten köcheln lassen, bis die Kartoffeln weich sind

In der Zwischenzeit die Roten Rüben schälen und in Streifen schneiden. Radicchioblätter waschen und in feine Streifen schneiden. Den Orangensaft und die Rote Rüben-Streifen zur Suppe geben und 5 Minuten darin ziehen lassen. Die Suppe in tiefen Tellern anrichten und mit den Radicchiostreifen und Thymianzweigen garnieren.

Rote Rüben

Rote Rüben wirken wie eine Verjüngungskur auf unseren Körper. Die enthaltene Folsäure fördert die Erneuerung des Gewebes und hilft bei der Bildung von roten Blutkörperchen. Für die rote Färbung ist der Farbstoff Betanin verantwortlich, der krebsvorbeugend wirkt.

Linsensuppe mit gebratenen Pilzen

1 Zwiebel
1 Prise Pfeffer aus der Mühle

1 Karotte
2 EL Rapsöl
100 g Pilze (z. B. Austernpilze, Steinpilze, Shiitake, Eierschwammerl, Champignons)
1 EL Butter

500 ml Wasser oder Gemüsebrühe
1 Prise Salz

100 g braune Linsen

2 Thymianzweige

Die Zwiebel schälen und fein hacken. Die Karotte putzen und in kleine Würfel schneiden. Öl in einem Topf erhitzen, die Karottenwürfel und die Zwiebel darin anbraten. Mit Wasser oder Gemüsebrühe aufgießen.

Die Linsen waschen, zur Suppe geben und zugedeckt etwa 45 Minuten bei mittlerer Hitze weich kochen.

In der Zwischenzeit die Pilze säubern und in Streifen schneiden. Die Butter in einer Pfanne schmelzen, bis sie schäumt und die Pilze darin anbraten. Mit Pfeffer und Salz würzen.

Die Suppe im Mixer oder mit dem Pürierstab fein pürieren, mit Pfeffer und Salz abschmecken und in tiefen Tellern anrichten.

Gebratene Pilze in die Mitte setzen und mit einem Thymianzweig garniert servieren.

Fenchel-Karotten-Salat

Wasser
Salz

1/2 TL Kurkumapulver
(Gelbwurz)

1 Fenchelknolle
2 EL Leinöl
2 Karotten
4 Dörrzwetschken

Saft einer Zitrone

1 Prise Pfeffer aus der Mühle

In einem mittelgroßen Topf Wasser mit Kurkuma erhitzen. Fenchel waschen, Fenchelgrün abschneiden und beiseite legen. Die Fenchelknolle vierteln und in feine Streifen schneiden. Karotten putzen und schräg in feine Scheiben schneiden.

Fenchel- und Karottenstücke im Wasser 4 bis 6 Minuten weich kochen. Dörrzwetschken in feine Streifen schneiden. Aus Zitronensaft, Pfeffer und Salz eine Marinade zubereiten. Gemüse abseihen, mit den Dörrzwetschken in eine Schüssel geben und kurz abkühlen lassen.

Gemüse dann mit der Marinade gut vermischen und auf 2 Tellern anrichten. Fenchelgrün fein hacken und den Salat damit garnieren.

Leinöl

Leinöl ist sehr geschmacksintensiv und durch seinen hohen Gehalt an mehrfach ungesättigten Fettsäuren auch sehr gesund. Das Öl ist nur etwa drei Monate haltbar und sollte kühl und lichtgeschützt gelagert werden.

Sauerkraut asiatisch

1 Karotte
4 Champignons
1 roter Paprika
4 EL Sesamöl
2 EL Sesamsamen

150 g Sauerkraut
2 EL Apfelessig

1 Prise Pfeffer aus der Mühle

1 EL Sojasauce
1 Prise Salz

1/2 TL Kurkumapulver
(Gelbwurz)

Die Karotte und die Champignons putzen und in feine Scheiben schneiden. Den Paprika waschen, entkernen und in Streifen schneiden. 2 EL Sesamöl in einer Pfanne erhitzen und das geschnittene Gemüse darin kurz andünsten.

Das Sauerkraut in einer Schüssel mit einer Gabel zerpflücken, das Gemüse untermischen. 2 EL Sesamöl, Sesamsamen, Pfeffer, Sojasauce, Salz, Apfelessig und Kurkumapulver zu einer Sauce verrühren.

Die Sauerkraut-Gemüse-Mischung mit der Sauce gut durchmischen und anrichten.

Sauerkraut

Sauerkraut wird aus Weißkraut mit Hilfe von Milchsäuregärung hergestellt. Die dabei entstehende Milchsäure wirkt positiv auf die Darmflora und unterstützt die Immunabwehr. Beim Gärungsvorgang entsteht außerdem Cobalamin, bekannt als Vitamin B12, das sonst nur in tierischen Produkten vorkommt. Sauerkraut ist daher für Vegetarier besonders wertvoll.

Würziger Chinakohlsalat

1 mittelgroße Zwiebel
2 Knoblauchzehen
1/2 Bund Pfefferminze

1 roter Paprika
1 kleiner Chinakohl
4 EL Kokosmilch
1 TL Vollrohrzucker
2 EL Sonnenblumenöl

1 kleine Chilischote
(alternativ 1 Prise
Cayenne-Pfeffer)

2 EL Sojasauce

Saft von einer Limette
(alternativ Zitrone)

Die Zwiebel schälen und in Ringe schneiden. Die Knoblauchzehen schälen und in feine Scheiben schneiden. Paprika und Chilischote waschen, entkernen und in feine Streifen schneiden.

Öl erhitzen und die Zwiebelringe und Knoblauchscheiben knusprig anbraten. Zum Schluss die Paprika- und Chilistreifen kurz mitrösten.

Den Chinakohl waschen und in feine Streifen schneiden. Die Chinakohlstreifen in einer Schüssel mit dem gebratenen Gemüse vermischen. Die Minze waschen, trocken tupfen, in feine Streifen schneiden und zum Salat geben.

Kokosmilch mit Vollrohrzucker, Sojasauce und Limettensaft zu einem Dressing verrühren und über den Salat gießen.

Chinakohl

Chinakohl soll ursprünglich aus der chinesischen Provinz Kanton stammen und gehört seit über 1.000 Jahren zu den wichtigsten chinesischen Gemüsepflanzen der Herbst-, Winter- und Frühlingsküche. Er hat eine leicht erfrischende Wirkung, hilft gegen trockenen Husten, bei Verstopfung und unterstützt die Nierentätigkeit.

Zucchini-Nuss-Ringe

- 1 mittelgroße Zucchini
- 2 EL Olivenöl
- 2 EL Walnüsse, gehackt
- 125 ml Schafmilch-Joghurt
- Saft einer halben Zitrone
- 1/2 TL Paprikapulver, süß
- 1 Knoblauchzehe
- 1 Prise Pfeffer aus der Mühle
- 1 Prise Salz

Die Zucchini waschen und längs halbieren. Von jeder Schnittfläche zwei dünne Scheiben abschneiden. Den Rest der Zucchini in feine Stifte schneiden. Olivenöl erhitzen und die vier Zucchinischeiben darin von beiden Seiten kurz anbraten.

Die gebratenen Zucchinischeiben auf einem Teller beiseite stellen. Die Zucchinistifte im restlichen Öl kurz braten. Das Schafmilch-Joghurt mit Zitronensaft, Paprikapulver, gehackten Walnüssen und gebratenen Zucchinistiften verrühren. Die Knoblauchzehe abziehen und mit einer Knoblauchpresse in die Joghurt-Gemüse-Mischung pressen.

Die Mischung mit Pfeffer und Salz abschmecken. Die Zucchinischeiben zu Ringen formen, mit einem Zahnstocher fixieren und je zwei auf einen Teller setzen. Zuletzt die Ringe mit der Joghurt-Gemüse-Mischung füllen und rasch servieren.

Schafmilch

Schafmilch enthält verglichen mit Kuhmilch einen wesentlich höheren Anteil an Orotsäure. Dieser vitaminähnliche Stoff wurde früher Vitamin B13 genannt und fördert das Zellwachstum. Orotsäure unterstützt das Gehirn beim Denken und Erinnern und fördert die Regeneration von Leberzellen.

Fenchel mit Karottenpüree

4 EL Kürbiskerne
2 kleine Fenchelknollen
2 Karotten
3 – 4 Kartoffeln
2 EL Olivenöl
200 ml Kokosmilch

1 Prise Pfeffer aus der Mühle

1 Prise Salz
100 ml Wasser

Saft einer Zitrone

2 Zweige Thymian

Die Kürbiskerne in warmem Wasser einweichen, damit sie schön aufquellen. Karotten und Kartoffeln waschen, schälen und in grobe Stücke schneiden. Die Kokosmilch mit Pfeffer, Salz und Wasser erhitzen und die Karotten- und Kartoffelstücke darin 15 bis 20 Minuten weich kochen.

Das Gemüse pürieren und mit Zitronensaft abschmecken. Thymianblättchen von den Zweigen zupfen und zum Püree geben. Die Fenchelknollen waschen, das Fenchelgrün abschneiden, die Knollen halbieren und längs in feine Scheiben schneiden. Das Fenchelgrün fein hacken und beiseite stellen. Das Olivenöl in einer Pfanne erhitzen und den Fenchel anbraten. Die abgetropften Kürbiskerne zugeben, umrühren und mit Pfeffer und Salz würzen.

Das Püree in tiefe Teller geben und die Fenchelstreifen darauf verteilen. Mit Fenchelgrün garnieren.

Fenchel

Fenchel hat einen süßlich-aromatischen Geschmack, der auf das enthaltene Anisöl zurückzuführen ist. Anisöl hilft besonders bei Erkrankungen der Atemwege. Es wirkt beruhigend und schleimlösend und lindert auch Magen-Darm-Beschwerden.

Gerichte mit Getreide

Haselnuss-Basmati mit Spargel

1 EL Butter
1 roter Paprika
50 g Haselnüsse
400 g grüner Spargel
2 EL Olivenöl

1/2 Chilischote

1 Tasse Basmati-Reis
1 TL Ingwer, fein gehackt
2 Frühlingszwiebeln
1 Prise Muskat, gerieben
1 Prise Pfeffer aus der Mühle

2 Tassen Wasser oder Gemüsebrühe
1 Prise Salz

Saft einer Zitrone

Butter schmelzen. Chilischote und Ingwer fein hacken, die Haselnüsse grob hacken. Den Paprika in Würfel schneiden. Gehackten Chili, Paprika und Ingwer in der Butter kurz andünsten.

Den Reis waschen und die gehackten Haselnüssen zugeben. Mit Wasser oder Gemüsebrühe aufgießen und 15 Minuten köcheln. Die Frühlingszwiebeln waschen, in feine Ringe schneiden und unter den Reis mischen. Mit Pfeffer und Salz abschmecken.

Die Spargelstangen waschen, die Enden abschneiden und in Olivenöl 5 Minuten bei starker Hitze anbraten. Mit Pfeffer, Muskat, Salz und Zitronensaft abschmecken.

Spargel auf Tellern anrichten und mit Haselnuss-Basmati servieren.

Spargel

Spargel wirkt entwässernd, er lindert Arthrose, stärkt die Milz, entgiftet, beugt Krebserkrankungen vor und senkt den Cholesterinspiegel.

Grießknödel mit Pilzsoße

30 g Butter, weich
1 Ei
6 – 8 EL Weizengrieß
400 g Pilze (z. B. Steinpilze, Austernpilze, Champignons)
1 EL Butter
1 TL Kartoffel- oder Maisstärke

1 Prise Muskat, gerieben
1 Zwiebel
1 TL Thymian, getrocknet
1/2 TL Kümmel
1 Prise Pfeffer aus der Mühle

Salz
Wasser

1 EL Paprikapulver

1/2 Bund Petersilie

Für die Grießknödel die weiche Butter schaumig rühren, das Ei zugeben und soviel Grieß unterrühren, bis eine weiche Masse entsteht. Mit Muskat und Salz abschmecken und 15 Minuten ruhen lassen.

In der Zwischenzeit die Pilze säubern und in feine Scheiben schneiden. Die Zwiebel schälen und fein hacken. 1 EL Butter in einer Pfanne erhitzen und darin die Pilze kurz andünsten. Mit Paprikapulver würzen, gehackte Zwiebel zugeben und mit Thymian, Kümmel, Pfeffer und Salz würzen. Etwa eine Tasse Wasser zugeben und die Pilzsauce 5 bis 10 Minuten einkochen lassen. Die Stärke in etwas kaltem Wasser anrühren, zu den Pilzen geben und nochmals aufkochen. Bei Bedarf mit Pfeffer und Salz abschmecken.

Wasser mit Salz in einem Topf aufkochen. Aus der Grießmasse kleine Knödel formen und in leicht siedendem Salzwasser 10 bis 15 Minuten ziehen lassen. Die Pilzsauce mit gehackter Petersilie vermischen, auf Tellern portionsweise anrichten und mit den Grießknödeln servieren.

Buchweizen-Linsen-Gemüse

1 Tasse Buchweizen

1 Tasse rote Linsen
4 Tassen Wasser
1 Prise Salz

1 Lorbeerblatt
1 TL Ingwer
1 Prise Pfeffer aus der Mühle

2 EL Olivenöl
100 g Champignons
100 g Karfiol
100 g Kohlrabi

1 EL Thymian, frisch

Buchweizen und Linsen gut waschen. Wasser mit etwas Salz in einem Topf erhitzen. Linsen, Buchweizen und Lorbeerblatt hineingeben, aufkochen und dann zugedeckt bei mittlerer Hitze 15 bis 20 Minuten weich kochen.

In der Zwischenzeit die Champignons putzen, den Karfiol waschen und in Röschen zerteilen. Den Kohlrabi schälen und in Streifen schneiden. Ingwer schälen und fein reiben. Olivenöl in einer Pfanne erhitzen und das Gemüse darin kurz dünsten. Mit Ingwer, Pfeffer, Salz und Thymian würzen. Bei Bedarf etwas Wasser zugeben.

Die fertige Buchweizen-Linsen-Mischung mit Pfeffer und Salz abschmecken und mit der Gemüsemischung anrichten.

Buchweizen

Buchweizen ist eigentlich kein Getreide, sondern botanisch gesehen ein Knöterichgewächs. Er ist leicht verdaulich, reich an Eisen, Kalium und B-Vitaminen und er enthält die Aminosäure Lysin, die in anderen Getreidesorten kaum vorkommt.

Maiskuchen mit Frühlingsgemüse

4 Portionen

100 ml (Soja)Milch
2 Eier
250 g gekochte Maiskörner
Rapsöl zum Braten
4 Karotten
2 kleine Kohlrabi
2 EL Olivenöl

100 g Dinkelmehl
2 TL Weinstein-Backpulver
2 EL Essig

1/2 TL Koriander, gemahlen
1/2 TL Kreuzkümmel, gemahlen
1 Bund Schnittlauch
1 Prise Pfeffer aus der Mühle

Salz
Wasser

1 Handvoll Löwenzahn-Blätter (alternativ Rukolasalat)

Die Milch mit den Eiern in einer Schüssel verquirlen. Dinkelmehl mit Weinstein-Backpulver vermischen und zur Eiermilch geben, alles zu einem glatten Teig verrühren. Schnittlauch in feine Ringe schneiden. Gekochte Maiskörner, Koriander, Kreuzkümmel und Schnittlauch zum Teig geben. Gut durchrühren und mit Pfeffer und Salz abschmecken.

Rapsöl in einer Pfanne erhitzen und schwach gehäufte Esslöffel der Teigmischung in die Pfanne geben und flach drücken. Bei mittlerer Hitze einige Minuten goldgelb braten, dann wenden und die andere Seite ebenfalls knusprig backen. Die Maiskuchen auf Küchenpapier abtropfen lassen.

Die Karotten putzen und in Streifen schneiden. Den Kohlrabi schälen und ebenfalls in Streifen schneiden. Das Gemüse in Salzwasser kurz blanchieren, es sollte knackig bleiben. Löwenzahn- oder Rukolablätter waschen und in mundgerechte Stücke schneiden.

Das Gemüse abgießen, kurz mit kaltem Wasser abschrecken und mit Olivenöl, Pfeffer, Salz und Essig marinieren. Löwenzahn- oder Rukolablätter locker untermischen. Die Maiskuchen mit dem Frühlingsgemüse anrichten und servieren.

Gewürz-Champignons mit Dinkelreis

2 Tassen Wasser
Salz

1 Tasse Dinkelreis
100 ml Weißwein
Saft einer Zitrone

250 g Champignons
2 EL Olivenöl

1 Knoblauchzehe
1 TL Ingwer, gerieben
4 Sternanis
1 Prise Pfeffer aus der Mühle
1 Bund Koriander

1 kleine rote Chilischote

In einem Topf Wasser erhitzen. Den Dinkelreis waschen und zugeben, aufkochen und dann zugedeckt bei geringer Hitze 15 bis 20 Minuten weich kochen. Weitere 5 bis 10 Minuten quellen lassen.

Die Champignons putzen und halbieren. Olivenöl erhitzen und die Champignons darin anbraten. Knoblauchzehe schälen, fein hacken und mit dem geriebenen Ingwer zu den Champignons geben. Ebenso den Sternanis zugeben, pfeffern, salzen und mit Zitronensaft ablöschen.

Die Chilischote fein hacken und hinzufügen. Die Mischung bei starker Hitze braten, mit Weißwein aufgießen und zugedeckt einkochen. Die Korianderblätter waschen, grob hacken und unter die Champignons rühren.

Die Pilze auf zwei Teller verteilen. Dinkelreis in ein Förmchen füllen und neben die Pilze stürzen.

Getreidereis

Ob Hafer-, Dinkel-, Emmer- oder Einkorn-„Reis" – die Körner werden nach der Ernte so poliert, dass die spröde Hülle beseitigt wird, die wertvollen Inhaltsstoffe des vollen Korns aber erhalten bleiben.

Kohlsprossen mit Polenta

1 Prise Salz
ca. 500 ml Wasser

1 TL Butter
150 g Polenta
1 EL Essig
1 EL Butter
Butter zum Braten

400 g Kohlsprossen
Schale einer Orange

1 Knoblauchzehe
1 TL Ingwer
1 Prise Pfeffer aus der Mühle

Saft einer Orange

Zuerst die Polenta zubereiten: In einem heißen Topf Wasser mit Salz erhitzen. 1 TL Butter hinzugeben und die Polenta mit einem Schneebesen einrühren. Sobald die Masse aufkocht, die Hitze reduzieren, zudecken und häufig umrühren.

Nach 5 bis 7 Minuten sollte die Polenta zu einem weichen Brei verkocht sein. Bei Bedarf noch etwas Wasser zugeben. Den Topf vom Herd nehmen und 5 bis 10 Minuten nachquellen lassen. Eine viereckige Form (z. B. eine Kastenform) mit kaltem Wasser ausspülen und die Polenta einfüllen.

Die Kohlsprossen putzen, waschen und in Salzwasser blanchieren. Dann abseihen und abtropfen lassen. Die Knoblauchzehe schälen und in dünne Scheiben schneiden. Ingwer schälen und fein reiben. 1 EL Butter in einer Pfanne erhitzen, Knoblauch und Ingwer kurz darin anrösten. Die Mischung pfeffern, salzen und mit Orangensaft ablöschen. Die Kohlsprossen und die Orangenschale zugeben und zugedeckt bei mittlerer Hitze 5 Minuten ziehen lassen.

Sobald die Polenta ausgekühlt ist, stürzen und in 1 cm dicke Scheiben schneiden. Die Polentascheiben in etwas Butter auf beiden Seiten braten, bis sie leicht gebräunt sind. Nach Belieben mit Pfeffer und Salz würzen oder mit etwas geriebenem Käse überbacken. Die Kohlsprossen mit der Polenta anrichten.

Quinoa-Amaranth-Laibchen mit Mangold

1 Zwiebel
2 Knoblauchzehen
1 Prise Pfeffer aus der Mühle

2 EL Olivenöl
500 g Mangold
2 Karotten
Rapsöl zum Braten
1 Ei

1 Tasse Quinoa
2 EL Amaranth

Wasser
Salz

1 Bund Petersilie
2 EL Dinkelmehl

Die Zwiebel und die Knoblauchzehen schälen und fein hacken. 1 EL Olivenöl in einem Topf erhitzen, Zwiebel und Knoblauch kurz anbraten. Quinoa und Amaranth waschen und dazugeben.

Mit der doppelten Wassermenge – etwas mehr als zwei Tassen – aufgießen, mit Pfeffer und Salz würzen und 15 Minuten auf kleiner Flamme weich kochen. Den Topf vom Herd nehmen und weitere 10 bis 15 Minuten quellen lassen.

Die Petersilie fein hacken und gemeinsam mit dem Dinkelmehl und dem Ei unter die Quinoamasse mischen. Kleine Laibchen formen und diese auf beiden Seiten in Rapsöl goldgelb braten.

Den Mangold waschen. Die Mangoldstiele in feine Streifen, die Blätter in etwas größere Streifen schneiden. Die Karotten putzen und in Scheiben schneiden. In einer Pfanne 1 EL Olivenöl erhitzen, die Karottenscheiben zugeben und einige Minuten dünsten.

Dann die Mangoldstiele zugeben, kurz mitdünsten und zum Schluss die Mangoldblätter zugeben und kurz erhitzen. Mit Pfeffer und Salz abschmecken. Das Gemüse mit den Laibchen anrichten.

Gerichte mit Hülsenfrüchten

Kichererbsen mit Paprika

150 g Kichererbsen
Salz

1 roter Paprika
1 grüner Paprika
1 gelber Paprika
4 EL Olivenöl

2 Knoblauchzehen
1 Prise Pfeffer aus der Mühle

Saft einer Zitrone

1/2 TL Paprikapulver, süß
200 g Rote Rüben, gekocht

Die Kichererbsen über Nacht in Wasser einweichen. Das Einweichwasser abgießen und die Kichererbsen in frischem Wasser 30 bis 40 Minuten weich kochen. Die Paprikaschoten waschen, halbieren und entkernen. Ein Backblech mit Backpapier auslegen. Die Paprikahälften darauf verteilen, pfeffern und salzen und bei 200 °C 15 bis 20 Minuten braten. Die Knoblauchzehen grob schneiden.

Die Roten Rüben klein schneiden. Die Kichererbsen abgießen, etwa 250 ml der Kochflüssigkeit auffangen. Die Kichererbsen mit Olivenöl, Zitronensaft, Pfeffer, Salz und Knoblauch würzen, auf 2 Schüsseln verteilen. Die eine Hälfte der Kichererbsen mit Paprikapulver, die zweite Hälfte mit den Roten Rüben mischen. Dann beide Kichererbsenmischungen mit dem Pürierstab pürieren.

Die Paprikastücke auf einem Servierteller verteilen und jeweils mit Kichererbsen-Püree füllen.

Küchentipp

Statt der Paprika eignen auch andere saisonale Gemüse, zum Beispiel gedünstete und ausgehöhlte Zucchini- oder Gurkenhälften, Sellerie- oder Kohlrabihälften. Das Püree kann auch als Beilage zu Gemüse serviert werden.

Kürbiskuchen mit Bohnensalat

2 Zwiebeln
2 Knoblauchzehen
1 Prise Pfeffer aus der Mühle
1 Prise Muskat, gerieben

500 g Kürbisfleisch (vom Hokkaido oder Butternuss)
1 Pk. Blätterteig aus dem Kühlregal
2 Eier
2 EL Olivenöl
3 EL Rapsöl

1 Prise Salz
Wasser
500 g rote Bohnen, gekocht

1/2 Bund Petersilie
125 g Sauerrahm
6 EL Balsamico-Essig

1 TL Paprikapulver
2 Handvoll Rukola

Den Backofen auf 180 °C vorheizen. Die Zwiebeln und die Knoblauchzehen schälen und fein hacken. Den Kürbis grob reiben oder in feine Scheiben schneiden. Olivenöl in einem Topf erhitzen, Kürbisraspeln, Zwiebeln und Knoblauch darin anrösten. Mit Pfeffer, Muskat und Salz würzen und 5 bis 10 Minuten weich dünsten.

Ein Backblech mit Backpapier auslegen und den Blätterteig darauf ausrollen. Die Kürbismischung darauf verteilen. Die Petersilie waschen und fein hacken. Sauerrahm mit Petersilie, Paprikapulver und den Eiern verrühren. Mit Pfeffer und Salz abschmecken und über die Kürbismischung gleichmäßig verteilen. Den Kürbiskuchen im Backofen bei 180 °C 30 bis 40 Minuten knusprig backen.

Den Rukola waschen und in mundgerechte Stücke zupfen. Die gekochten Bohnen mit dem Rukola, Rapsöl, Essig, Pfeffer und Salz gut vermengen. Den Kürbiskuchen mit dem Bohnen-Rukola-Salat servieren.

Bunter Spargelsalat mit roten Linsen

100 g rote Linsen
1 Prise Salz
Wasser

500 g grüner Spargel
2 EL Rapsöl

1 rote Zwiebel
1 Prise Pfeffer aus der Mühle
1 Bund Schnittlauch

2 EL Weinessig

1 TL Kurkumapulver
(Gelbwurz)

Die Linsen waschen und mit 200 ml Wasser bei mittlerer Hitze zugedeckt 5 bis 10 Minuten weich kochen. Bei Bedarf etwas Wasser nachgießen.

Den Spargel waschen, die Enden abschneiden und schräg in etwa 5 cm lange Stücke schneiden. Die Spargelstücke in Salzwasser 5 bis 10 Minuten bissfest garen. Die Zwiebel schälen, halbieren und in feine Scheiben schneiden. Den abgetropften Spargel und die Zwiebelringe mit den Linsen vermischen und kurz ziehen lassen.

Den Salat mit Essig, Kurkuma, Rapsöl, Pfeffer und Salz gut vermischen. Schnittlauch in Röllchen schneiden und den Salat damit bestreuen.

Küchentipp

Wenn die Spargelsaison vorbei ist, schmeckt dieser Salat auch sehr gut mit kurz gedünsteten Stangensellerie- oder Zucchinischeiben.

Mediterraner Linsensalat

150 g Beluga-Linsen
(alternativ braune Linsen)
1 Prise Salz

1 roter Paprika
1 grüner Paprika
2 kleine Salatgurken
4 EL Olivenöl

1 Zwiebel
1 Knoblauchzehe
1 Prise Pfeffer aus der Mühle

1/2 Bund Petersilie
6 EL Balsamico-Essig

1/2 Bund Basilikum

Die Linsen waschen und in ausreichend Wasser ungefähr 20 Minuten weich kochen. In der Zwischenzeit den Paprika waschen, halbieren, die Kerne entfernen und in feine Streifen schneiden.

Die Gurken waschen, die Enden abschneiden, halbieren und in Scheiben schneiden. Die Zwiebel schälen und fein hacken. Die Knoblauchzehe schälen und pressen. Die gekochten Linsen abgießen und heiß in eine Salatschüssel geben. Die Paprikastreifen, Zwiebelwürfel und den Knoblauch zugeben und kurz mit den heißen Linsen ziehen lassen.

Petersilie und Basilikum waschen und fein hacken. Die Gurkenscheiben zu den abgekühlten Linsen geben und den Salat mit Olivenöl, Pfeffer, Salz, Essig und gehackten Kräutern gut vermischen.

Beluga-Linsen

Beluga-Linsen sind der „Kaviar" unter den Linsen. Sie sind schwarz, haben ein sehr feines Aroma und eine feste Konsistenz. Sie brauchen nicht eingeweicht zu werden und haben eine Kochzeit von etwa 20 Minuten.

Farinata mit buntem Gemüse

200 g Kichererbsenmehl
600 ml Wasser
1 Prise Salz

4 EL Olivenöl
400 g Gemüse der Saison (Karotten, Zucchini, Brokkoli, Spargel, Melanzani etc.)

1 Prise Pfeffer aus der Mühle
1 Zwiebel

50 g Sprossen oder Kresse

1/2 Bund Basilikum, Thymian oder Oregano

Kichererbsenmehl und Wasser in eine Schüssel geben und mit dem Schneebesen gut verrühren. Den Teig einige Stunden ruhen lassen. Dann den Teig mit 2 Esslöffeln Olivenöl, Pfeffer und Salz würzen und in eine Auflaufform geben.

Den Backofen auf 180 °C vorheizen. Das Gemüse waschen und in mundgerechte Stücke schneiden. Die Zwiebel schälen und in Ringe schneiden. In einer großen Pfanne oder im Wok Olivenöl erhitzen und das Gemüse zusammen mit der Zwiebel anrösten. Zugedeckt in 5 bis 10 Minuten fertig dünsten. Die Kräuter waschen und fein hacken.

Das Gemüse mit Pfeffer, Salz und den Kräutern abschmecken und auf dem Teig verteilen. Die Farinata im Backofen 30 bis 35 Minuten backen. Kurz auskühlen lassen, in Stücke schneiden und mit Sprossen oder Kresse garnieren.

Farinata

Die Farinata kommt ursprünglich aus Genua und ist in den unterschiedlichsten Varianten in den Küchen des Mittelmeerraums und Südamerikas als lokale Spezialität zu finden.

Bohnencrêpes mit Gemüse

100 g Kichererbsen- oder Linsenmehl
300 ml Wasser
1 Prise Salz

1 Prise Pfeffer aus der Mühle
1 TL Kreuzkümmel, gemahlen

1/2 Bund Petersilie, fein gehackt

1 Prise Bockshornkleesamen

2 EL Rapsöl
2 EL Olivenöl
400 g Gemüse der Saison (Zucchini, Spinat, Karotten, Kürbis, Pastinake etc.)
1 Ei

Das Kichererbsen- oder Linsenmehl, Wasser und Ei mit dem Schneebesen verrühren. Dann mit Salz, Pfeffer, Kreuzkümmel, Petersilie und Bockshornkleesamen würzen und gut durchrühren.

In einer beschichteten Pfanne Rapsöl erhitzen, etwas Teig hineingeben und gleichmäßig verteilen. Bei wenig Hitze den Teig fest werden lassen und dann die Crêpes vorsichtig wenden und fertig backen.

Das Gemüse waschen und in feine Scheiben oder Würfel schneiden. Das Olivenöl in einer weiteren Pfanne oder im Wok erhitzen und das Gemüse rasch knackig anbraten. Mit Pfeffer und Salz würzen. Die Crêpes mit Gemüse füllen und heiß servieren.

Gerichte mit Käse & Ei

Rote Rüben mit Kartoffeln

400 g fest kochende Kartoffeln
150 ml (Soja)Milch
1 Ei

1 Prise Salz
Wasser

200 g Rote Rüben, gekocht

100 g Blauschimmelkäse
1 Prise Pfeffer aus der Mühle
1 Prise Muskat, gerieben

125 ml Sauerrahm

Die Kartoffeln waschen und ca. 20 Minuten kochen. Das Wasser abgießen und die Kartoffeln mit kaltem Wasser abschrecken, abkühlen lassen und schälen.

Den Backofen auf 180 °C vorheizen. Nun die Roten Rüben und die Kartoffeln in Scheiben schneiden und abwechselnd in eine Auflaufform schichten. Milch oder Sojamilch mit Sauerrahm, Ei und dem zerkrümelten Blauschimmelkäse verrühren.

Den Guss mit Pfeffer, Muskat und Salz würzen und über den Auflauf gießen. Das Ganze im Backofen 25 bis 30 Minuten backen.

Fenchel-Haferflocken-Auflauf

4 Portionen

2 Fenchelknollen
2 EL Olivenöl
1 EL Honig
15 g Butter, weich

1 Prise Pfeffer aus der Mühle
1 Knoblauchzehe
8 EL Haferflocken

1 Prise Salz

Saft einer Zitrone
1/2 Bund Petersilie
1 EL Dinkelmehl

150 g Schafkäse
1 TL Paprikapulver

Den Backofen auf 180 °C vorheizen. Den Fenchel waschen und das Fenchelgrün abschneiden. Das Fenchelgrün fein hacken und zum Garnieren beiseite legen.

Den Fenchel vierteln, Strunk entfernen und in Scheiben schneiden. Das Olivenöl in einer Pfanne erhitzen und die Fenchelscheiben darin 5 Minuten weich dünsten. Mit Honig, Pfeffer, Salz und Zitronensaft abschmecken und in eine Auflaufform geben. Mit Dinkelmehl bestäuben und gut durchmischen.

Die Knoblauchzehe abziehen und durch eine Presse drücken. Die Petersilie waschen und fein hacken. Den Schafkäse in einer Schüssel gut zerdrücken und mit Butter, Knoblauch, Haferflocken, Pfeffer, Salz, gehackter Petersilie und Paprikapulver vermengen. Die Haferflocken-Schafkäse-Mischung auf den Fenchelscheiben verteilen. Den Auflauf im Backofen 20 bis 25 Minuten backen.

Küchentipp

Als Basis eignen sich auch andere saisonale Gemüse wie Zucchini, Kohlrabi, Karotten, Weißkohl, Kraut oder Kartoffeln.

Omelettestreifen mit Gemüse

4 Eier
4 EL Olivenöl
300 g Gemüse der Saison (Stangensellerie, Zucchini, Spargel, Paprika, Kohlrabi etc.)

1 Prise Pfeffer aus der Mühle

2 EL Sojasauce
1 EL Wasser
1 Prise Salz

1/2 Bund Petersilie

1/2 Bund Basilikum

Eier mit Pfeffer, Sojasauce, Wasser und Salz verrühren. In einer beschichteten Pfanne 1 EL Olivenöl erhitzen und 2 bis 3 Omelettes aus der Ei-Mischung backen.

Omelettes beiseite stellen und auskühlen lassen. Das Gemüse waschen, putzen und in Streifen schneiden. In einer Pfanne 2 EL Olivenöl erhitzen und die Gemüsestreifen darin knackig anbraten. Mit Pfeffer und Salz abschmecken.

Die Kräuter waschen, fein hacken und zum Gemüse geben. Die Omelettes in 1 cm dicke Streifen schneiden, mit dem Gemüse vermischen und heiß servieren.

Lauch-Zucchini-Frittata

- 1 kleine Zucchini
- 2 EL Olivenöl
- 4 – 5 Eier

- 1 Stange Lauch
- 1 Knoblauchzehe
- 1 Prise Pfeffer aus der Mühle

- 1 Prise Koriander, gemahlen
- 1 Prise Salz
- 4 EL Parmesan, gerieben

- 1/2 Bund Petersilie

- 1/2 Bund Basilikum

Zucchini und Lauch waschen, putzen, halbieren und in dünne Streifen schneiden. Die Knoblauchzehe schälen und in dünne Scheiben schneiden.

Olivenöl in einer Pfanne erhitzen und das Gemüse und den Knoblauch darin anbraten und zugedeckt etwa 10 Minuten dünsten lassen. Mit Pfeffer, Koriander und Salz abschmecken. Die Eier in einer Schüssel verquirlen.

Die Kräuter waschen, fein hacken und mit dem Parmesan zur Ei-Mischung geben. Das Gemüse in der Pfanne gleichmäßig verteilen und die Eimischung darüber gießen.

Bei mittlerer Hitze zugedeckt 7 bis 10 Minuten stocken lassen. Vorsichtig wenden und auch die andere Seite 2 bis 3 Minuten braten.

Küchentipp

Eine frische Frittata schmeckt herrlich. Doch auch kalt schmeckt die Frittata sehr gut. Ein ideales Gericht zum Mitnehmen, für's Büro oder zum Picknick. Im Kühlschrank hält sich die Frittata ein bis zwei Tage.

Frühlingssalat mit pochiertem Ei

1 Portion

1 Handvoll Rukola
1 Handvoll Radicchio

1 Handvoll junger Blattspinat
1 Karotte
1 Ei
2 EL Rapsöl oder Walnussöl

500 ml Wasser
1 Prise Salz

50 ml Essig
3 EL Balsamico-Essig
2 EL Sprossen

1 Prise Pfeffer aus der Mühle

Rukola, Radicchio und Spinat waschen, in mundgerechte Stücke zerteilen und in einer Schüssel vermengen. Die Karotte waschen, putzen, grob raspeln und zum Salat geben. Wasser mit Salz und Essig erhitzen.

Das Ei in einen Schöpflöffel aufschlagen und langsam in das siedende Wasser gleiten lassen. Das Wasser darf dabei nicht sprudelnd kochen. Sobald das Ei im heißen Wasser ist, das stockende Eiklar mit zwei Löffeln zu einer gleichmäßigen Kugel formen. Das Ei 5 bis 7 Minuten garen, je nachdem wie fest der Dotter werden soll.

Aus Raps- oder Walnussöl, Pfeffer, Salz und Balsamico-Essig ein Dressing zubereiten und den Salat damit marinieren. Das pochierte Ei mit einem Löffel aus dem Wasser nehmen und auf dem Salat anrichten. Mit Sprossen garnieren.

Küchentipp

Als Beilage Brot, gekochtes Getreide oder Kartoffeln reichen.

Gemüse-Couscous

4 Portionen

500 g Couscous
1 Bund Petersilie

900 ml Wasser oder
Gemüsebrühe
1 Prise Salz

1 Zucchini
1 Melanzani
1 roter Paprika
1 gelber Paprika
3 EL geschälte Mandeln
4 EL Olivenöl
1/2 TL Zimt, gemahlen

1 Prise Pfeffer aus
der Mühle
1/2 TL Koriander, gemahlen

200 g Schafkäse
1 TL Kurkumapulver
(Gelbwurz)

Couscous mit etwa 900 ml kochendem Wasser oder Gemüsebrühe übergießen und quellen lassen. Zucchini und Melanzani waschen und in Würfel schneiden.

Die Paprikaschoten waschen, die Kerne entfernen und in kleine Würfel schneiden. Die Mandeln in einer Pfanne ohne Fett rösten. Die Petersilie grob hacken. Den Backofen auf 180 °C vorheizen. Die Gemüsewürfel in Olivenöl anbraten. Mit Kurkuma, Zimt, Pfeffer, Koriander und Salz abschmecken. Couscous mit Gemüse, Mandeln und 2/3 der Petersilie mischen.

Die Masse in eine Auflaufform geben, mit zerkrümeltem Schafkäse bestreuen. Im Backofen etwa 20 bis 25 Minuten goldbraun überbacken. Mit der restlichen Petersilie bestreut servieren.

Couscous

Couscous, eine Art Weizengrieß, ist vorgegart im Handel erhältlich. Die Zubereitung ist einfach und schnell: Mit kochendem Wasser (oder Brühe) übergießen, kurz stehen lassen und schon ist der Couscous fertig. Vollkorn-Couscous sollte einige Minuten mit Wasser aufgekocht werden, damit er schön weich wird.

Kartoffel-Lasagne

500 g Kartoffeln
2 Eier
4 EL Rapsöl
1 Karotte, 1/2 Zucchini
1/2 Sellerieknolle
2 EL Butter
150 ml (Soja)Milch
Olivenöl zum Braten

1 Prise Pfeffer aus der Mühle
1 kleine Zwiebel
1 TL Oregano
1 TL Basilikum
1 Prise Muskat, gerieben

1 Prise Salz
125 ml Wasser oder Gemüsebrühe
4 EL Parmesan, gerieben

1 Tomate
1/2 Bund Petersilie

2 EL Buchweizenmehl

Die Kartoffeln waschen, schälen, fein reiben, ausdrücken und in einer Schüssel mit den Eiern, Pfeffer und Salz vermischen. Rapsöl erhitzen und aus der Kartoffelmasse drei dünne Kartoffelpuffer beidseitig goldgelb backen. Karotte, Zucchini und Sellerie waschen, putzen und in kleine Würfel schneiden.

Die Zwiebel fein hacken. Olivenöl erhitzen und die Zwiebelwürfel glasig dünsten. Die Gemüsewürfel zugeben und mit Pfeffer, Oregano, Basilikum und Salz würzen. Mit Wasser oder Gemüsebrühe aufgießen. Die Tomate waschen, in kleine Würfel schneiden und zum Gemüse geben. Das Gemüse 10 bis 15 Minuten einkochen lassen.

Den Backofen auf 180 °C vorheizen. Béchamelsoße zubereiten: Dazu die Butter schmelzen, Buchweizenmehl einrühren, mit (Soja)Milch aufgießen und mit einem Schneebesen gut verrühren. Mit Muskat und Salz würzen und zum Schluss 2 Esslöffel geriebenen Parmesan einrühren.

Die Petersilie waschen, fein hacken und zur Gemüsesugo geben. Die Kartoffelpuffer abwechselnd mit Béchamelsoße und Gemüsesugo in eine Auflaufform schichten. Mit Béchamelsoße abschließen und den restlichen Parmesan darüber streuen. Im Backofen 10 bis 15 Minuten knusprig überbacken.

Desserts

Rote-Rüben-Muffins

4 Portionen

150 g Rote Rüben, gekocht
100 g Bitterschokolade

140 g Vollrohrzucker
2 Eier
300 ml Kokosmilch

1 TL Ingwer, gerieben

1 Prise Salz

250 g Dinkelmehl
3 TL Weinstein-Backpulver

Den Backofen auf 180 °C vorheizen. Die Roten Rüben fein raspeln. Vollrohrzucker mit Ingwer, Salz, Dinkelmehl und Weinstein-Backpulver vermengen.

Eier und Kokosmilch kräftig mit dem Schneebesen verrühren. Die Mehlmischung und die geriebenen Roten Rüben unterheben. Die Bitterschokolade grob hacken und ebenfalls unter den Teig mischen.

Papierförmchen in einer Muffinform verteilen und mit dem Teig jeweils zu zwei Drittel füllen. 25 bis 30 Minuten backen.

Küchentipp

Statt Kokosmilch eignen sich auch Joghurt oder Sauerrahm – die Muffins werden damit wunderbar saftig.

Schoko-Omelette

3 EL Haselnüsse
3 Eier
2 EL Vollrohrzucker
1 EL Butter

50 g Bitterschokolade
1 EL Kakaopulver

1 Prise Kardamom, gemahlen

1 Prise Salz

Schale einer halben Orange
2 EL Dinkelmehl

Die Haselnüsse grob hacken und in einer beschichteten Pfanne goldbraun rösten, aus der Pfanne nehmen und beiseite stellen. Die Schokolade im Wasserbad schmelzen. Die Eier trennen, das Eiklar zu steifem Schnee schlagen.

Die Eidotter mit Zucker, Kardamom, Salz, Orangenschale und Dinkelmehl verrühren. Kakaopulver und die geschmolzene Schokolade gut unterrühren und zuletzt den Eischnee vorsichtig unterheben. Die Butter in einer beschichteten Pfanne schmelzen und kleine Omelettes backen.

Dazu den Teig löffelweise in die Pfanne geben, Haselnüsse jeweils in die Mitte streuen und bei schwacher Hitze einige Minuten backen, bis die Omelettes gestockt sind. Dann vorsichtig wenden und auf der anderen Seite ebenfalls kurz backen. Die Omelettes heiß servieren.

Küchentipp

Die Omelettes schmecken besonders köstlich mit einer Kugel Vanilleeis oder einer Handvoll frischer Beeren.

Milchreis mit Rhabarber

4 Portionen

500 g Rhabarber
Saft einer Orange

200 ml Wasser

100 g Vollrohrzucker
1 Tasse Rundkornreis
2 Tassen (Soja)Milch
2 EL Vollrohrzucker
50 ml Schlagobers
2 EL Pistazien

1 TL Kardamomkapseln
1 Prise Salz

Schale einer Orange

Die Rhabarberstangen waschen, die Enden abschneiden und die groben Fäden abziehen. Den Rhabarber dann in ca. 7 cm lange Stücke schneiden. Wasser erhitzen, 100 g Vollrohrzucker, Kardamom, Salz, Orangensaft und Orangenschale zugeben und 3 bis 5 Minuten zu einem Kompott einkochen.

Den Reis waschen. Die Milch erhitzen, den Reis und 2 EL Vollrohrzucker einrühren. Bei schwacher Hitze 15 bis 20 Minuten zu einem Reisbrei einkochen. Regelmäßig umrühren, damit der Reis nicht anklebt und wenn nötig etwas Milch oder Wasser nachgießen. Das Schlagobers aufschlagen. Die Pistazien fein hacken.

Den fertigen Reisbrei mit Schlagobers verfeinern, auf Teller verteilen und mit Pistazien bestreuen. Mit dem ausgekühlten Rhabarberkompott servieren.

Küchentipp

Wer keine Milch mag, kann den Reisbrei mit Wasser kochen. Das verhindert auch das pelzige oder stumpfe Gefühl an den Zähnen. Dieser „Belag" entsteht, weil sich das Kalzium der Milch mit der Oxalsäure des Rhabarbers zu Kalziumoxalat verbindet und vorübergehend an den Zähnen haften bleibt.

Chili-Brownies

1 Backblech, ca. 20 Stück

200 g Bitterschokolade
2 EL Kakaopulver

4 Eier
150 g Vollrohrzucker
150 ml Sonnenblumenöl
Mark einer Vanilleschote
100 g Walnüsse

1 – 2 TL getrocknete
Chili-Flocken

1 Prise Salz

80 g Dinkelmehl

Den Backofen auf 170 °C vorheizen. Die Bitterschokolade im Wasserbad schmelzen. Die Eier mit Vollrohrzucker und Öl schaumig rühren. Vanillemark, Chili-Flocken, Salz und Mehl unterheben.

Die geschmolzene Schokolade und das Kakaopulver gut mit dem Teig verrühren. Zuletzt die Walnüsse hacken und ebenfalls unterheben. Das Backblech mit Backpapier auslegen und die Teigmasse gleichmäßig darauf verteilen.

Im Backofen ca. 25 bis 30 Minuten backen. Den Kuchen auskühlen lassen und in kleine Rechtecke schneiden.

Kakao

Schokolade und Kakao enthalten gesundheitsfördernde Stoffe und gehören hin und wieder auf den Speiseplan. Die enthaltenen Alkaloide Koffein und Theobromin regen das zentrale Nervensystem an, erhöhen die geistige Leistungsfähigkeit, erweitern die Blutgefäße und steigern die Nierentätigkeit. Weiters schützen enthaltene Antioxidantien und Polyphenole das Herz und beugen Krebserkrankungen vor.

Pfirsich-Crumble

4 Portionen

700 g Pfirsiche
Mark einer Vanilleschote
70 g Vollrohrzucker
50 g Mandelsplitter
100 g Butter

1 TL Kardamom, gemahlen

1 Prise Salz

Saft einer Zitrone
150 g Dinkelmehl

1 TL Kakaopulver

Den Backofen auf 180 °C vorheizen. Die Pfirsiche waschen, halbieren, den Kern entfernen und das Fruchtfleisch in Spalten schneiden.

Die Pfirsichspalten in einer Schüssel mit Vanillemark, Vollrohrzucker, Mandelsplittern, Kardamom, Salz, Zitronensaft und Kakaopulver gut vermischen. Die Butter in kleine Würfel schneiden und mit dem Dinkelmehl rasch zu Streuseln verkneten. Die Butter sollte dabei kühl und bröselig bleiben.

Die Pfirsich-Mischung in eine Auflaufform geben, mit den Streuseln gleichmäßig bestreuen und im Backofen ca. 45 Minuten backen.

Pfirsich

Pfirsiche haben in China eine besondere Bedeutung: Sie sind Symbol für ein langes Leben und werden bei Geburtstagen als Geschenk überreicht. Aus Sicht der TCM wirken Pfirsiche stärkend auf das Immunsystem, blutdruckregulierend und sie unterstützen die Lungenfunktion.

Grießpudding mit Marillen

200 g Marillen
1 EL Butter
2 EL Honig
50 ml Schlagobers

20 ml Marillenlikör

300 ml Wasser

Saft einer halben Zitrone
50 g Dinkelgrieß

1/2 TL Kardamom, gemahlen

Die Marillen waschen, halbieren und den Kern entfernen. In einer heißen Pfanne Butter schmelzen, die Marillen darin kurz anbraten und mit Marillenlikör ablöschen. Kurz dünsten und dann beiseite stellen.

Wasser mit Zitronensaft aufkochen, den Dinkelgrieß mit dem Schneebesen einrühren und bei kleiner Hitze zu einem Grießbrei einkochen. Den Brei mit Honig und Kardamom würzen. Das Schlagobers steif schlagen und vorsichtig unter den Grießbrei heben.

Den Brei in Schälchen anrichten und mit dem Marillenkompott servieren.

Küchentipp

Statt mit Marillenlikör können die Marillen auch mit etwas Orangen- oder Pfirsichsaft eingekocht werden.

Mohn-Kartoffel-Torte

12 Stück

250 g mehlig kochende Kartoffeln
6 Eier
150 g Butter
100 g Vollrohrzucker
1/2 TL Zimt, gemahlen
Mark einer Vanilleschote
50 g Haselnüsse, gerieben

1 TL Ingwer, gerieben

1 Prise Salz

Saft einer Zitrone
3 EL Dinkelmehl

Schale einer Zitrone
2 EL Rum
150 g Mohn, gemahlen

Die Kartoffeln schälen und in wenig Wasser weich kochen. Die Kartoffeln dann abseihen und sofort durch die Kartoffelpresse drücken.

Den Backofen auf 180 °C vorheizen. Die Eier trennen. Eiklar zu festem Schnee schlagen. Die Eidotter mit Vollrohrzucker, Butter, Zimt und Vanillemark schaumig rühren.

Die passierten Kartoffeln, Ingwer, Salz, Zitronensaft und -schale, Dinkelmehl, Rum, Mohn und Nüsse einrühren.

Zuletzt den Eischnee unterheben. Eine Tortenform einfetten oder mit Backpapier auslegen. Den Teig einfüllen und ca. 45 Minuten backen.

Küchentipp

Den ausgekühlten Mohnkuchen entweder pur genießen, mit Staubzucker bestreuen oder mit einer Zitronenglasur (Saft einer Zitrone mit 100 g Staubzucker verrühren) überziehen. Besonders saftig schmeckt der Mohnkuchen mit Schlagobers oder Obstmus.

Sesam-Birne

2 Birnen
2 EL schwarzer Sesam, gemahlen oder gemörsert
1 EL Honig
2 – 3 Safranfäden

1 Scheibe Ingwer
1/2 TL Kardamom, gemahlen

1 Prise Salz
Wasser

Saft einer Zitrone

1 TL Kakao

Die Birnen waschen und schälen, ohne den Stiel dabei abzuschneiden. Die Safranfäden in einem kleinen Topf kurz anrösten bis sie duften, 1 Scheibe Ingwer dazugeben und mit ca. 150 ml Wasser aufgießen. Das Wasser zum Kochen bringen und die Birnen darin ca. 10 Minuten weich kochen.

Sesam mit Kardamom, Salz, Zitronensaft, Kakao und Honig gut vermischen. Die gekochten Birnen auskühlen lassen und am unteren Ende eine kleine Scheibe abschneiden, damit die Birne auf dem Teller gut stehen bleibt. Die Birne im oberen Drittel abschneiden und mit einem Messer oder einem Kugelausstecher das Kerngehäuse ausschneiden.

Je eine Birne je auf den Teller setzen, den Hohlraum mit Sesamcreme füllen. Die Birnenspitze wieder aufsetzen und mit etwas Sesam bestreut servieren.

Safran

Safran ist seit der Antike eines der kostspieligsten Gewürze. Aus Sicht der TCM stärkt Safran die Milz und erwärmt die Nieren. Er regt die Verdauung an und beeinflusst auch die Psyche positiv. In alten Schriften wird Safran auch eine aphrodisierende Wirkung bescheinigt.

Lexikon Österreichisch – Deutsch

Dörrzwetschken – Dörrpflaumen
Eidotter – Eigelb
Eierschwammerl – Pfifferlinge
Eiklar – Eiweiß
Fisolen – grüne Bohnen
Karfiol – Blumenkohl
Karotte – Möhre, Mohrrübe
Knödel – Kloß
Kohlsprossen – Rosenkohl
Marillen – Aprikosen
Maroni – Edelkastanien
Melanzani – Aubergine
Nockerl – Klößchen, Spätzle, Nocken
Orange – Apfelsine
Polenta – Maisgrieß
Püree – Mus, Brei
Rosinen – getrocknete Weinbeeren
Rote Rüben – Rote Beete, Randen, Rohne, Rahne
Sauerkraut – Sauerkohl
Sauerrahm – Schmand, saure Sahne
Schmarren – dicker Brei
Schneebesen – Schneerute
Schlagobers – Schlagsahne
Semmelbrösel – Paniermehl
Staubzucker – Puderzucker
Streusel – Krümel

Literatur

Deutsche Forschungsanstalt für Lebensmittelchemie (Hg.): Der kleine Souci-Fachmann-Kraut, Lebensmitteltabelle für die Praxis, 3. Auflage, Wissenschaftliche Verlagsgesellschaft m. b. H, Stuttgart, 2004

Hornfeck, Susanne; Ma, Nelly: Die acht Schätze der chinesischen Heilküche, dtv, München, 2004

Leitzmann, Claus; Hahn, Andreas: Vegetarische Ernährung, Ulmer, Stuttgart, 1996

Martin, Susanne: Heilsames Gemüse, avBUCH, Wien, 2005

Nichterl, Claudia: Die Fünf-Elemente-Küche – Essen zum Wohlfühlen, avBUCH, Wien, 2004

Nichterl, Claudia: Power Frühstück – Energie für den ganzen Tag, avBUCH, Wien, 2005

Waldmann-Wang, Hai Yan: Die 5-Elemente Küche, Umschau Verlag, 2006

Zhang, Xiaoyan; Rias-Bucher, Barbara: Chinesische Heilküche, Ludwig, München, 2002

Rezepte von A bis Z

Die Studien und Erkenntnisse über die Anwendungen in diesem Buch wurden sorgfältig recherchiert und nach bestem Wissen und Gewissen wiedergegeben. Alle Informationen ersetzen aber in keinem Fall ärztlichen Rat und ärztliche Hilfe. Bei erkennbaren Krankheiten ist in jedem Fall ein Arzt aufzusuchen. Der Verlag und die Autorin übernehmen keinerlei Haftung für Beschwerden, die sich durch Anwendung der Rezepte ergeben und übernehmen auch keinerlei Verantwortung für medizinische Forderungen.

Um den Lesefluss geschmeidig zu halten, wurde auf die umständliche Schreibweise, neben den männlichen jeweils die weiblichen Endungen anzuführen, verzichtet. Wir bitten um Verständnis.

Bildquellen

Umschlag und Inhalt: Uwe Urbann
Cover: Fenchel-Karotten-Salat, Rezept Seite 38

Impressum

Sturzgasse 1a, A-1141 Wien, E-Mail: buch@avbuch.at, Internet: www.avbuch.at

Die Deutsche Bibliothek – CIP-Einheitsaufnahme
Die Deutsche Bibliothek verzeichnet diese Publikationen in der Deutschen Nationalbibliografie; detaillierte bibliografische Daten sind im Internet über http://dnb.ddb.de abrufbar.

Projektleitung: Claudia Stoifl, avBUCH
Redaktion: Rosemarie Zehetgruber – gutessen consulting, Wien
Umschlag & Layout: Ravenstein + Partner, Verden
Satz: Jürgen Ehrmann, media-solutions.at
Bildreproduktion: Hantsch & Jesch PrePress Services, Leopoldsdorf b. Wien

Druck und Bindung: Landesverlag Denkmayr, Linz
Printed in Austria

ISBN: 978-3-7040-2240-0